Cuisine à la plancha

Ouvrage collectif crée par Losange
Avec la collaboration de Patrick André, Guillaume Mourton,
Samuel Butler, Corinne Chesne

Direction éditoriale : Hervé Chaumeton
Suivi éditorial : Laurence Dechel
PAO : Francis Rossignol, Isabelle Véret
Photogravure : Chantal Mialon, Stéphanie Tridoux

ISBN : 978-2-8160-0109-9
N° d'éditeur : 84416
Dépôt légal : février 2010

Achevé d'imprimer : janvier 2012
Imprimé en Chine par Toppan Leefung

Cuisine à la plancha

ARTÉMIS
ÉDITIONS

Sommaire

Introduction

La plancha, jusque-là réservée aux bars à tapas espagnols et basquais, fait de plus en plus d'adeptes, du grand chef au novice. Plus qu'une façon de cuisiner, elle est devenue un art de vivre, une véritable passion à partager avec famille et amis. Découvrez avec nous 100 recettes succulentes et originales, à concocter de l'entrée au dessert.

À chacun sa plancha

→ Les détails qui font tout

La température de l'appareil doit pouvoir atteindre au moins 270 °C.

Les bords relevés permettent d'éviter les projections et facilitent le travail des aliments.

L'allumage électronique des brûleurs est beaucoup plus simple d'utilisation.

La surface doit être très lisse. Il faut à tout prix éviter les plaques à rainures sur lesquelles les aliments cuisent de façon très hétérogène. Ceci étant, il faut toujours huiler la plaque avant cuisson, de préférence avec de l'huile d'olive, cette dernière supportant mieux les hautes températures.

Les planchas caisson sont les appareils les plus complets. Celles équipées d'un chariot sont idéales pour l'extérieur. On peut toutefois se contenter d'une plancha dite à poser, qui complète parfaitement un barbecue.

→ Le matériau en question

La fonte est fragile et montre des risques d'adhérence. Par contre, elle est vendue à un prix très abordable. C'est la plancha idéale pour s'initier, mais il faut en rester aux appareils de petite taille.

* **La fonte d'aluminium** est un bon conducteur thermique mais est très oxydante. De plus, elle comporte des risques alimentaires.
* **L'acier émaillé** est parfait si toutefois l'on est sûr que l'émaillage a été réalisé dans les règles de l'art. Quoi qu'il en soit, c'est un matériau à manier avec précaution car fragile. Le rapport qualité/prix est intéressant.

* **L'acier inoxydable ou chrome dur** est à recommander, à partir du moment où l'acier a une épaisseur de 18 mm et où la couche de chrome atteint au minimum 50 microns. Ce sont les planchas les plus onéreuses.
* **L'acier laminé** est le plus répandu et le moins cher. Très solide, facile à entretenir, ces appareils rouillent assez facilement. D'autre part, ce matériau conduisant moyennement la chaleur, il faut que la plaque fasse 6 mm d'épaisseur.

→ Gaz ou électricité

Il vaut mieux opter pour une alimentation au **gaz,** pour une chauffe plus rapide et une utilisation plus aisée. En revanche, la plancha **électrique** sera recommandée pour un usage à l'intérieur. Le mieux est **l'induction,** mais les planchas équipées de la sorte sont plus que rares et souvent de petit format.

→ Les accessoires

* **La pelle à friture** et le racloir ne peuvent être utilisés qu'avec les planchas en acier laminé et en fonte. Il existe cependant des racloirs en bois ou en plastique thermo-résistants adaptés aux autres appareils.
* **Le pulvérisateur d'huile,** appelé aussi spray de cuisson, est indispensable à tout « plancheur ». Des modèles spécifiques existent, certains étant même dotés d'un filtre, parfait pour les huiles parfumées. On peut aussi acquérir un pulvérisateur multi-usages dans n'importe quelle droguerie, mais il faut bien vérifier que ce dernier ne fait pas de jets.
* **Le thermomètre à sonde** permet de vérifier la température sans soucis. Il n'est pas indispensable à ceux qui disposent d'une plancha électrique ou gaz haut de gamme qui, normalement, sont équipés d'un thermostat.
* **La cloche** permet d'accélérer la cuisson de certains aliments. Les modèles en terre cuite ne sont pas très pratiques car non transparents. Même inconvénient pour le couvercle à wok qui peut cependant « dépanner ».
* **Les couteaux** font partie de la panoplie de base. Un couperet ou un hachoir pour hacher, un couteau-scie pour couper les fruits et légumes à peau épaisse, un couteau à filets pour lever les filets de poisson, un couteau à désosser, un couteau économe pour peler les ingrédients, un chasse-noyaux, pour dénoyauter les petits fruits, sont indispensables.

La planche à découper est indispensable à tout « plancheur ».

L'art d'une cuisson parfaite

* **Les viandes** doivent être saisies à 250 °C, un peu moins si la viande est rouge. La cuisson de la viande blanche doit se terminer sur une température inférieure à 240 °C.
* **Les poissons** seront cuits à 260 °C au départ, puis à 220 °C, sur une partie plus tempérée de la plaque. Leur temps de cuisson sera le moins long possible, exception faite du thon et de l'espadon, qui se conduisent comme la viande rouge.
* **Les légumes** se « planchent » à 220 °C.
* **Les fruits** accompagnés de sucre peuvent être cuits avec du papier de cuisson, mais seulement sur une plancha dont la température ne dépasse pas 240 °C.

Cuisine santé

La cuisson à la plancha permet aux aliments de garder toutes leurs vertus nutritionnelles. À l'exception de la vitamine C, toutes les vitamines sont préservées.
Cuits à la plancha, les légumes gardent tous les nutriments, ces derniers étant même plus concentrés que dans d'autres types de cuisson.
La cuisine à la plancha ne requiert qu'une petite quantité d'huile. Viandes, légumes et poissons cuisent ainsi sainement.

Avant…

→ Acheter au bon moment

* **Janvier :** banane, bœuf, cabillaud, citron, dinde, escargot, fruit de la passion, gambas, langoustine, lotte, mangue, noix de coco, orange, pomme, porc, Saint-Jacques.
* **Février :** agneau, ananas, banane, bœuf, cabillaud, canard, citron, daurade, escargot, fruit de la passion gambas, langoustine, lotte, mangue, noix de coco, orange, porc, Saint-Jacques.
* **Mars :** agneau, ananas, banane, bœuf, cabillaud, canard, daurade, escargot, fruit de la passion, gambas, langoustine, lotte, orange, rouget, Saint-Jacques.
* **Avril :** agneau, banane, daurade, épinard, fève, fruit de la passion, langoustine, lotte, veau.
* **Mai :** anchois, asperge, banane, daurade, épinard, fève, fraise, fruit de la passion, homard, langoustine, lotte, poulet, veau.

✱ **Juin :** amande, anchois, artichaut, asperge, banane, courgette, daurade, échalote, fraise, fruit de la passion, homard, poulet, sardine, sole, veau.

✱ **Juillet :** abricot, amande, artichaut, aubergine, banane, canard, champignon, courgette, daurade, échalote, fraise, fruit de la passion, homard, melon, poivron, poulet, sole, thon, veau.

✱ **Août :** abricot, aubergine, banane, calamar, champignon, courgette, daurade, échalote, fraise, fruit de la passion, homard, langoustine, melon, mûre, poivron, poulet, sardine, sole, thon, tomate, veau.

✱ **Septembre :** ail, banane, caille, calamar, canard, champignon, chou-fleur, daurade, échalote, fraise, fruit de la passion, langoustine, moule, oignon, poivron, pomme, porc, poulet, raisin, sardine, seiche, sole, thon, tomate.

✱ **Octobre :** banane, cabillaud, caille, calamar, champignon, chou-fleur, citron, dinde, échalote, fruit de la passion, gambas, langoustine, lotte, moule, oignon, pomme porc, raisin, seiche, thon, tomate.

✱ **Novembre :** banane, calamar, citron, dinde, fruit de la passion, gambas, langoustine, moule, noix de coco, oignon, pomme, porc, Saint-Jacques, saumon.

✱ **Décembre :** banane, bœuf, citron, dinde, fruit de la passion, gambas, langoustine, mangue, moule, noix de coco, orange, pomme, porc, Saint-Jacques.

→ **Les indispensables**

✱ Herbes fraîches

Aneth (poissons), persil, coriandre (viandes, marinades), estragon (poissons), basilic (tomate, aubergine, poisson), cerfeuil (poissons, viandes).

✱ Herbes sèches

Thym (viandes, poissons, marinades), laurier-sauce (tomate, marinades), sauge (poissons, porc, agneau, veau, fève), sarriette (viandes, fève), romarin (agneau,

viandes blanches, abricot), origan (viandes, tomate, tout plat méditerranéen).

✷ **Épices et condiments**

Poivre (viandes, fruits), sel, safran (viandes blanches dont poulet, légumes), cumin (poulet, agneau, porc, veau, fève, tomate, courgette), cannelle (pomme, viandes, poissons), cinq-épices (canard, porc), curcuma (agneau, veau, poulet, langouste, thon), gingembre (viandes, poissons, fruits, légumes, marinades), curry (poissons, langoustine, bœuf, agneau, porc, poulet, poivron, courgette, épinard), poudre de piment (poissons, viandes), garam masala (viandes, légumes), poudre de colombo (porc, poulet), huile d'olive, vinaigre balsamique, moutarde (viandes, Saint-Jacques), tabasco (agneau, viandes blanches, bœuf, langoustine, Saint-Jacques, saumon, lotte, pomme), sauce soja (viandes, poissons, légumes, marinades), sauce sakari (viandes, gambas, saumon, courgette, poivron).

✷ **Sauces**

Aïoli, beurres composés, sauce aux herbes, sauce barbecue, sauce tomate, sauce curry, sauce aux champignons, chutney, confit d'oignons.

✷ **Autres**

Ail (tout sauf certains poissons), échalote (bœuf, Saint-Jacques, sardine), jus de citron (poissons, marinades), miel (marinades).

→ **Les bons gestes**

Appliquer la marinade, en deux fois si nécessaire, plusieurs heures avant cuisson. Sortir les produits marinés du réfrigérateur au moins 30 minutes avant le début de la cuisson.

Pendant...

Il faut toujours faire cuire au centre de la zone des brûleurs.
Si l'on dispose de plusieurs brûleurs et que l'on utilise qu'une partie de la plancha, on doit tout de même allumer tous les brûleurs, sinon la plaque peut se gondoler.
Il faut toujours attendre 2 à 3 minutes avant de retourner le poisson ou tout autre aliment fragile qui, en tout début de cuisson, colle à la plaque de cuisson.
Entre deux cuissons, on peut déglacer la plancha avec de l'eau si elle est en fonte, en fonte émaillée ou en acier émaillé. Pour les autres matériaux, on peut utiliser de la glace.

Après...

Les viandes doivent reposer au chaud une dizaine de minutes avant d'être servies.
Le nettoyage de la plancha se réalise avec une éponge, de l'eau chaude et du liquide vaisselle. Certains recommandent le vinaigre blanc.

Sauces d'accompagnement

Curry rouge thaï

4 pers.

Cuisson 2 min

Prépar. 15 min

Ingrédients

- 1 cuillère à soupe d'ail haché
- 1 cuillère à soupe de gingembre râpé
- 1 cuillère à soupe de persil haché
- 1 cuillère à soupe de coriandre
- 1 cuillère à soupe de basilic thaï haché
- 1 piment rouge haché
- 2 tomates
- 1 cuillère à café de citronnelle hachée
- 2 cuillères à café de sauce nuoc-mam
- 1 cuillère à café de pâte de crevette
- Zeste râpé d'1/2 citron vert
- Jus d'1/2 citron vert
- 20 cl de lait de coco

1. Faites une incision en croix sur les tomates, puis plongez-les dans une casserole d'eau bouillante 30 secondes, passez-les sous l'eau froide. Pelez-les, coupez-les en deux, enlevez les graines et coupez la chair en dés.

2. Mélangez bien tous les ingrédients et réservez au frais pendant 24 h.

3. Utilisez cette pâte de curry rouge en fin de cuisson. Faites cuire la pâte au moins 1 à 2 min avec vos aliments.

Suggestion : Le curry rouge thaï convient surtout avec la viande rouge.

Curry vert thaï

4 pers.

Cuisson 2 min

Prépar. 5 min

Ingrédients

- 1 cuillère à soupe d'ail haché
- 1 cuillère à soupe de gingembre râpé
- 1 cuillère à soupe de persil haché
- 1 cuillère à soupe de coriandre
- 1 cuillère à soupe de basilic thaï haché
- 1 piment vert haché
- 1 cuillère à café de citronnelle hachée
- 2 cuillères à café de sauce nuoc-mam
- 1 cuillère à café de pâte de crevettes
- Zeste râpé d'1/2 citron vert
- Jus d'1/2 citron vert
- 20 cl de lait de coco

1. Mélangez bien tous les ingrédients et réservez au frais 24 h.

2. Utilisez cette pâte de curry vert en fin de cuisson.

3. Faites cuire la pâte au moins 1 à 2 min avec vos aliments.

Suggestion : Le curry vert thaï convient avec la viande blanche, le poisson et les crustacés.

Curry rouge thai

Sauce aïoli

4 pers.

Cuisson 30 min

Prépar. 15 min

Ingrédients

- 2 pommes de terre (150 g)
- 4 gousses d'ail
- 3 jaunes d'œufs
- 20 cl d'huile d'olive
- 1 pincée de gros sel
- Sel, poivre

1. Lavez les pommes de terre. Mettez-les dans une casserole avec de l'eau froide et du sel. Portez à ébullition et laissez cuire 30 min. Égouttez-les et épluchez-les. Laissez refroidir.

2. Épluchez les gousses d'ail, coupez-les en deux et ôtez leur germe. Écrasez-les dans un mortier. Ajoutez les pommes de terre et les jaunes. Pilez le tout. Incorporez progressivement l'huile d'olive et le gros sel. Poivrez. Mélangez bien.

Sauce barbecue

4 pers.

Prépar. 5 min

Ingrédients

- 6 cuillères à soupe de ketchup
- 2 cuillères à soupe de vinaigre
- 2 cuillères à soupe de moutarde
- 2 cuillères à soupe de sucre

1. Dans un bol, mélangez le ketchup avec le vinaigre, la moutarde et le sucre.

2. Servez la sauce barbecue avec des mini-brochettes de viande (bœuf, porc, poulet...).

Sauce barbecue

Sauce béarnaise

Pour 25 cl

Cuisson 5 min

Prépar. 25 min

Ingrédients

- 150 g de beurre
- 3 jaunes d'œufs
- 3 échalotes grises hachées
- 1/2 verre de vinaigre de vin
- 2 cuillères à soupe d'estragon ciselé
- 3 cuillères à soupe de vin blanc sec
- Quelques gouttes de jus de citron
- Sel, poivre du moulin

1. Mettez les échalotes dans une petite casserole avec une cuillère à soupe d'estragon, le vinaigre et le vin blanc. Salez et faites chauffer sur feu doux, jusqu'à ce que le liquide se réduise à environ une cuillère à soupe. Filtrez le jus obtenu et laissez-le refroidir dans la casserole. Ajoutez les jaunes d'œufs en fouettant le mélange et en y incorporant une cuillère à soupe d'eau froide.

2. Déposez la casserole contenant cette préparation dans un bain-marie moyennement chaud. Incorporez une noix de beurre en fouettant le mélange sans arrêt. Il faut que le beurre soit bien intégré à la sauce avant d'y ajouter le morceau suivant.

3. Sortez la casserole du bain-marie et continuez à ajouter le beurre, parcelle après parcelle, tout en fouettant. Remettez la casserole dans le bain-marie après chaque addition de beurre. Continuez jusqu'à ce que tout le beurre soit absorbé. La sauce béarnaise présente alors la même consistance qu'une mayonnaise.

4. Ajoutez le reste d'estragon ciselé et quelques gouttes de citron. Goûtez et rectifiez l'assaisonnement.

Sauce chien

4 pers.

Cuisson 15 min

Prépar. 15 min

Ingrédients

- 1 carotte
- 1 pomme de terre
- 100 g de haricots verts
- 2 oignons nouveaux
- 1 petit piment
- 2 jaunes d'œufs durs
- 1 cuillère à soupe de moutarde
- 2 cuillères à soupe de vinaigre
- 4 cuillères à soupe d'huile d'olive
- Sel, poivre du moulin

1. Pelez et coupez en petits morceaux la carotte, la pomme de terre et les haricots verts. Faites-les cuire à l'eau pendant 15 min.

2. Hachez les oignons nouveaux et le piment.

3. Réduisez en purée les légumes auxquels vous ajoutez les oignons nouveaux et le piment.

4. Dans un bol, écrasez à la fourchette les jaunes d'œufs durs. Ajoutez la moutarde et le vinaigre, puis l'huile. Mélangez la sauce avec la purée de légumes.

Sauce chien

Sauce cocktail

Sauce Choron

Pour 25 cl

Prépar. 5 min

Ingrédients

- 25 cl de sauce béarnaise (voir p. 18)
- 1 cuillère à soupe de concentré de tomates
- 1 cuillère à soupe d'estragon ciselé
- Sel, poivre du moulin

1. Ajoutez l'estragon ciselé et le concentré de tomates à la sauce béarnaise.

2. Mélangez et servez aussitôt, car, tout comme la sauce béarnaise, la sauce Choron ne se réchauffe pas.

Sauce cocktail

Pour 25 cl

Prépar. 15 min

Ingrédients

- 1 jaune d'œuf
- 1 cuillère à soupe de moutarde
- 1 cuillère à soupe de vinaigre
- 20 cl de d'huile
- 2 cuillères à soupe de ketchup
- 1 cuillère à soupe de cognac
- 1 cuillère à café de sauce Worcestershire
- Quelques gouttes de Tabasco

1. Dans un bol, fouettez la moutarde avec le jaune d'œuf et le vinaigre. Ajoutez petit à petit l'huile tout en continuant de fouetter.

2. Ajoutez tous les autres ingrédients à cette mayonnaise et mélangez bien.

Sauce marchand de vin

Sauce diable

4 pers.

Cuisson 20 min

Prépar. 15 min

Ingrédients

- 2 échalotes
- 1/2 verre de vin blanc
- 3 cuillères à soupe de vinaigre de vin blanc
- 1 cuillère à soupe de maïzena
- 25 cl de fond brun
- 1 cuillère à café de concentré de tomates
- Sel, piment de Cayenne, poivre du moulin

1. Pelez et hachez les échalotes. Déposez-les dans une petite casserole avec le vin blanc et le vinaigre. Laissez le mélange cuire sur feu doux jusqu'à réduction de moitié. Passez le mélange, en appuyant sur les échalotes afin qu'elles rendent bien leur jus.

2. Faites chauffer le fond brun. Délayez la maïzena avec une cuillère à soupe d'eau froide. Versez ce mélange dans le fond de veau chaud et remuez. Remettez sur le feu et tournez afin que la sauce se lie.

3. Ajoutez cette sauce aux échalotes. Incorporez le concentré de tomates. Salez, poivrez généreusement et relevez avec 2 pincées de piment de Cayenne. Ne remettez plus la sauce sur le feu.

Sauce marchand de vin

4 pers.

Cuisson 10 min

Prépar. 15 min

Ingrédients

- 2 échalotes
- 50 g de beurre
- 20 cl de vin rouge
- 1 verre de consommé de bœuf (en tablettes)
- 1/2 cuillère à café de concentré de tomates
- 1 cuillère à café de farine
- Sel, poivre du moulin

1. Pelez les échalotes et hachez-les. Déposez-les dans une casserole avec la moitié du beurre. Laissez-les blondir sur feu doux.

2. Ajoutez-y le vin rouge, le consommé de bœuf (en tablettes diluées) et le concentré de tomates. Portez à ébullition et laissez frémir pendant 5 à 6 min.

3. Malaxez le reste du beurre à la fourchette avec la farine.

4. Incorporez ce beurre manié, en plusieurs parcelles, à la sauce réduite et laissez cuire jusqu'à épaississement. Goûtez et rectifiez l'assaisonnement avec sel et poivre.

Mayonnaise

Pour 25 cl

Prépar. 15 min

Ingrédients

- 2 jaunes d'œufs
- 1 cuillère à café de moutarde
- 30 cl d'huile de tournesol ou d'arachide
- Vinaigre
- Sel, poivre du moulin

1. Veillez à ce que tous les ingrédients de la mayonnaise soient bien à la même température.

2. Séparez bien les jaunes des blancs d'œufs.

3. Déposez les jaunes d'œufs dans un grand bol. Ajoutez la moutarde, une pincée de sel et du poivre. Mélangez le tout avec un fouet pendant environ 1 min.

4. Ajoutez alors l'huile, d'abord goutte à goutte, puis en filet dès que le mélange commence à prendre.

5. Accentuez le débit de l'huile tout en continuant à fouetter régulièrement. Ajoutez quelques gouttes de vinaigre. Goûtez et rectifiez l'assaisonnement. Conservez la mayonnaise au frais, mais pas au réfrigérateur.

Sauce mousquetaire

Pour 25 cl

Cuisson 5 min

Prépar. 5 min

Ingrédients

- 25 cl de mayonnaise (voir ci-contre)
- 2 échalotes hachées
- 20 cl de vin blanc
- 8 tiges de ciboulette
- 1 pincée de piment de Cayenne

1. Faites réduire le vin blanc avec les échalotes. Laissez refroidir.

2. Émincez la ciboulette.

3. Incorporez la réduction d'échalotes à la mayonnaise ainsi que la ciboulette et le piment de Cayenne.

Sauce mousquetaire

Sauce piquante

Pour 1 l

Cuisson 10 min

Prépar. 10 min

Ingrédients

* 1 litre de fond brun de veau
* 10 cl de vin blanc
* 5 cl de vinaigre de vin
* 8 cornichons
* 1 cuillère à café de persil plat haché
* 1 cuillère à café de cerfeuil haché
* 1 cuillère à café d'estragon haché

1. Coupez les cornichons en petits dés.

2. Faites réduire presque à sec le vin blanc avec le vinaigre, les herbes et les dés de cornichons, puis ajoutez le fond brun de veau. Laissez bouillir 2-3 min.

Sauce ravigote

Pour 25 cl

Prépar. 10 min

Ingrédients

* 20 cl de vinaigrette
* 1 petit oignon
* 1 cuillère à café de moutarde forte
* 1 cuillère à soupe de câpres au vinaigre
* 1 cuillère à soupe de fines herbes ciselées (ciboulette, persil, estragon)
* Sel, poivre du moulin

1. Pelez et hachez finement l'oignon.

2. Ajoutez la moutarde et l'oignon haché à la vinaigrette ainsi que les câpres au vinaigre et les fines herbes ciselées. Goûtez et rectifiez l'assaisonnement qui doit être bien relevé.

Sauce piquante

Sauce tartare

Sauce roquefort

Pour 25 cl

Prépar. 5 min

Ingrédients

- 25 cl de vinaigrette
- 50 g de roquefort
- 5 cl de porto

1. Écrasez le roquefort à la fourchette et mélangez-le avec le porto.
2. Puis, incorporez le tout à la vinaigrette.

Sauce tartare

Pour 25 cl

Prépar. 10 min

Ingrédients

- 25 cl de mayonnaise (voir p. 24)
- 3 cornichons
- 10 câpres
- 1/2 oignon
- 4 cuillères à soupe d'herbes hachées (persil, cerfeuil, estragon)

1. Coupez les cornichons en petits dés. Hachez les câpres ainsi que l'oignon.
2. Ajoutez tous les ingrédients à la sauce mayonnaise.

Sauce tomate piquante

4 pers.

Prépar. 15 min

Ingrédients

- 4 tomates
- 2 piments forts
- 1 citron
- 1 cuillère à soupe de vinaigre de xérès
- 4 cuillères à soupe d'huile d'olive
- 1 bouquet de coriandre
- Sel

1. Incisez les tomates en croix, puis plongez-les dans une casserole d'eau bouillante pendant 30 secondes, passez-les sous l'eau froide et pelez-les. Coupez les tomates en deux, épépinez-les et coupez-la chair en petits cubes.

2. Lavez, fendez le piment dans la longueur, enlevez les graines et hachez-le. Pressez le citron. Triez, lavez et hachez la coriandre.

3. Mélangez tous les ingrédients et assaisonnez.

Sauces à base de fromage blanc

4 pers.

Prépar. 25 min

Ingrédients

Sauce poivron rouge-tomate

- 100 g de fromage blanc
- 1/2 poivron rouge
- 1 tomate
- 1/2 cuillère à café de concentré de tomates
- 1 cuillère à soupe d'huile d'olive

Sauce saté

- 100 g de fromage blanc
- 1 cuillère à café d'huile de sésame
- 1 cuillère à café de sauce soja
- 1 cuillère à soupe de saté

Sauce moutarde

- 100 g de fromage blanc
- 1 cuillère à soupe de moutarde à l'ancienne

1. **Pour la sauce poivron rouge-tomate :** pelez le poivron et la tomate, puis hachez-les. Mélangez le fromage blanc, le concentré de tomates, l'huile d'olive, le poivron et la tomate.

2. **Pour la sauce saté :** mélangez au fromage blanc l'huile de sésame, la sauce soja et le saté.

3. **Pour la sauce moutarde :** mélangez la moutarde à l'ancienne au fromage blanc.

Sauce tomate piquante

Vinaigrette façon guacamole

4 pers.

Prépar. 10 min

Ingrédients

- 1 cl de vinaigre de cidre
- 1 avocat
- Le jus d'un citron
- 2 tomates
- 6 cl d'huile d'olive
- Sel, poivre cinq baies

1. Coupez l'avocat en deux, ôtez le noyau. Épluchez-le, puis coupez la chair en cubes.

2. Mixez l'avocat avec le jus de citron. Salez et poivrez. Ajoutez le vinaigre de cidre, salez et poivrez. Montez à l'huile d'olive.

3. Coupez les tomates en dés, salez et poivrez. Ajoutez-les à la vinaigrette.

Tapenade

4 pers.

Prépar. 5 min

Ingrédients

- 250 g d'olives dénoyautées (vertes ou noires)
- 4 filets d'anchois à l'huile
- 2 cuillères à soupe de câpres
- 4 cuillères à soupe d'huile d'olive
- Sel, poivre du moulin

1. Mixez ensemble tous les ingrédients.

2. Servez la tapenade sur des tartines de pain grillées.

Suggestion : La tapenade verte ou noire peut être utilisée pour accompagner du poisson ou des légumes grillés.

Fruits de mer, coquillages...

Brochettes de gambas à l'ail

4 pers.

Cuisson 10 min

Prépar. 20 min

Marinade 15 min

Ingrédients

- 20 gambas
- 4 gousses d'ail
- 5 citrons
- 5 cuillères à soupe d'huile d'olive
- Sel, poivre

1. Décortiquez les gambas. Pelez et hachez les gousses d'ail. Pressez un citron et coupez les autres en quartiers.

2. Préparez une marinade avec l'huile d'olive, le jus de citron et l'ail. Laissez mariner les gambas pendant 15 min. Égouttez-les et piquez-les sur des brochettes en alternant avec des quartiers de citron.

3. Faites préchauffer la plancha à 210 °C.

4. Faites cuire les brochettes à la plancha 5 min de chaque côté. À la fin de la cuisson, arrosez-les avec la marinade et servez.

Gambas roulées aux courgettes

4 pers.

Cuisson 5 min

Prépar. 25 min

Repos 30 min

Ingrédients

* 12 gambas
* 2 courgettes
* 1 filet d'huile d'olive
* 1 cuillère à soupe de basilic ciselé
* Le zeste râpé d'1/2 citron vert
* Sel, poivre

1. Décortiquez les gambas en supprimant les têtes. Incisez les queues et ôtez le boyau. Assaisonnez-les et ajoutez le citron râpé et le basilic. Laissez reposer 30 min.

2. Lavez et ôtez les extrémités des courgettes. Faites 12 tranches de 1 cm d'épaisseur dans leur longueur à l'aide d'une mandoline. Plongez-les 1 min dans de l'eau bouillante salée. Refroidissez-les et égouttez-les.

3. Enveloppez chaque gamba d'une tranche de courgette et maintenez-les avec une petite pique en bois.

4. Faites chauffer la plancha à 210 °C. Passez les gambas roulées dans l'huile d'olive et faites-les cuire à la plancha 2 min de chaque côté. Servez à l'apéritif.

Brochettes de gambas
marinées au citron vert et coriandre

4 pers.

Cuisson 4 min

Prépar. 25 min

Marinade 30 min

Ingrédients

* 12 gambas
* 1 citron vert
* 4 cuillères à soupe de coriandre hachée
* 10 cl d'huile d'olive
* 1 cuillère à café de gingembre haché
* 2 cuillères à soupe de sauce soja
* 8 tomates-cerises
* Sel, poivre

1. Décortiquez les gambas en prenant soin de ne pas ôter la tête. Réalisez les brochettes en alternant gambas et tomates-cerises, assaisonnez.

2. Râpez le zeste du citron vert et pressez le jus. Mélangez l'huile d'olive avec le gingembre, le zeste, la coriandre, la sauce soja et badigeonnez-en les brochettes. Laissez mariner 30 min.

3. Faites préchauffer la plancha à 230 °C.

4. Faites cuire les brochettes 2 min de chaque côté, ajoutez le jus de citron et servez.

Brochettes de petites seiches et purée de piment

4 pers.

Cuisson 10 min

Prépar. 15 min

Ingrédients

- 800 g de petites seiches
- 3 cuillères à soupe de purée de piment
- 4 cuillères à soupe d'huile d'olive
- Sel

1. Faites préchauffer la plancha à 210 °C.

2. Triez et lavez les petites seiches, puis piquez-les sur des brochettes.

3. Roulez les brochettes dans la purée de piment.

4. Faites cuire les brochettes sur la plancha avec l'huile d'olive pendant 10 min et servez.

Calamars aux poivrons doux et cébettes

4 pers.

Cuisson 40 min

Prépar. 25 min

Marinade 1 h

Ingrédients

* 4 calamars (préparés par votre poissonnier)
* 1 poivron rouge
* 1 poivron jaune
* 1 citron vert
* 4 cébettes
* 2 cuillères à soupe de gingembre râpé
* 4 cuillères à soupe de sauce soja
* 4 pincées de piment d'Espelette
* 15 cl d'huile d'olive
* Sel, poivre

1. Disposez les poivrons dans un plat avec un filet d'huile d'olive et enfournez à 170 °C (th. 5-6) pendant 20 min. Placez les poivrons dans un sac en plastique, refermez-le et laissez refroidir. Ôtez la peau et les graines des poivrons. Coupez la chair en lanières.

2. Émincez finement les cébettes. Râpez le zeste du citron vert et pressez le jus. Épongez les calamars.

3. Mélangez 10 cl d'huile d'olive avec le gingembre, les cébettes, la sauce soja, le zeste du citron et le piment. Badigeonnez les calamars et laissez-les mariner 1 h.

4. Faites préchauffer la plancha à 190 °C et huilez-la.

5. Épongez et assaisonnez les calamars et faites-les revenir 15 min sur la plancha en les retournant de temps en temps.

6. Ajoutez les poivrons et poursuivez la cuisson 2 min. Versez la marinade ainsi que le jus de citron sur le tout, laissez cuire 1 min en mélangeant et servez.

Calamars aux poivrons au curcuma

4 pers.
Cuisson 20 min
Prépar. 25 min

Ingrédients

* 600 g de calamars
* 5 poivrons
* 2 oignons
* 1 cuillère à café de curcuma
* 5 cuillères à soupe d'huile d'olive
* Sel, poivre

1. Faites préchauffer la plancha à 190 °C.

2. Épluchez, lavez et coupez en rondelles les calamars. Lavez et coupez les poivrons en lanières fines. Épluchez et coupez les oignons en rondelles.

3. Réunissez tous les ingrédients sur la plancha et faites cuire pendant 20 min en remuant souvent avec une spatule. Assaisonnez et servez.

Émincé d'endives aux écrevisses et orange

4 pers.
Cuisson 8 min
Prépar. 25 min

Ingrédients

* 6 endives
* 125 g de queues d'écrevisses cuites sous vide
* 1 orange
* 1 filet d'huile d'olive
* 1 cuillère à soupe de sucre
* 4 cuillères à soupe de ciboulette ciselée
* 2 cuillères à soupe d'amandes effilées
* Sel, poivre

1. Coupez les endives en deux, ôtez le cœur et émincez les endives finement.

2. Râpez le zeste de l'orange et pressez le jus.

3. Faites préchauffer la plancha à 200 °C.

4. Placez les endives sur la plancha avec un filet d'huile d'olive, assaisonnez et laissez cuire 5 min. Une fois l'eau de végétation évaporée, saupoudrez-les de sucre. Ajoutez les amandes, les queues d'écrevisses et le zeste d'orange. Laissez caraméliser, ajoutez le jus d'orange, la ciboulette. Mélangez bien et servez avec un poisson grillé.

Calamars aux poivrons au curcuma

Gambas au curcuma
et spaghetti de courgettes au curry

4 pers.

Cuisson 5 min

Prépar. 25 min

Marinade 30 min

Ingrédients

- 16 gambas
- 2 courgettes
- 15 cl de lait de coco
- 1 cuillère à soupe de curry
- 1 filet d'huile d'olive
- 2 cuillères à soupe de curcuma
- 3 cuillères à soupe d'amandes effilées
- Sel, poivre

1. Mélangez le lait de coco avec le curcuma. Décortiquez les gambas et badigeonnez-les de lait de coco au curcuma. Laissez mariner 30 min.

2. Râpez les courgettes avec la grosse râpe et mélangez-les avec les amandes ainsi que le curry.

3. Faites préchauffer la plancha à 220 °C et huilez-la.

4. Faites revenir le mélange de courgettes pendant 2 min. Ajoutez les gambas, assaisonnez et laissez cuire 2 min en mélangeant.

Homards flambés au pastis

4 pers.

Cuisson 15 min

Prépar. 10 min

Ingrédients

- 2 homards
- 3 cuillères à soupe de pastis
- 2 cuillères à soupe d'huile d'olive
- Sel, poivre

1. Faites préchauffer la plancha à 210 °C.

2. Coupez les homards en deux dans la longueur.

3. Mettez-les à cuire sur la plancha avec l'huile d'olive, en commençant par le côté de la chair.

4. Retournez-les et arrosez-les avec le pastis. Approchez prudemment une allumette pour flamber les homards. Assaisonnez et servez.

Mouclade

4 pers.

Cuisson 10 min

Prépar. 20 min

Ingrédients

- 4 litres de moules
- 2 échalotes
- 1 bouquet de persil
- 10 cl de vin blanc
- 2 cuillères à soupe d'huile d'olive

1. Faites préchauffer la plancha à 200 °C.

2. Triez et lavez les moules. Épluchez et hachez les échalotes. Triez, lavez et hachez le persil.

3. Faites revenir les échalotes avec l'huile d'olive pendant quelques minutes.

4. Ajoutez les moules, le vin blanc et laissez cuire jusqu'à ce que les moules soient bien ouvertes. Saupoudrez de persil haché juste avant de servir.

Homards flambés au pastis

Langoustines marinées
à la cardamome et tomates éclatées

4 pers.

Cuisson 10 min

Prépar. 30 min

Marinade 1 h

Ingrédients

* 20 queues de langoustines
* 4 tomates grappes moyennes
* 100 g de mange-tout
* 4 graines de cardamome
* 10 cl d'huile d'olive
* 2 cuillères à soupe de gingembre râpé
* 4 pincées de sucre
* 4 cuillères à soupe de persil plat haché
* Sel, poivre

1. Décortiquez les queues de langoustines. Concassez les graines de cardamome et mélangez-les avec l'huile d'olive ainsi que le gingembre. Placez les queues de langoustines dans la marinade et laissez mariner 1 h.

2. Réalisez un chapeau sur les tomates. Videz-les, assaisonnez-les, ajoutez le sucre et retournez-les sur du papier absorbant. Laissez-les dégorger.

3. Plongez les mange-tout 2 min dans de l'eau bouillante salée. Refroidissez-les et émincez-les finement. Assaisonnez-les et garnissez-en l'intérieur des tomates.

4. Faites préchauffer la plancha à 210 °C et huilez-la. Placez les tomates farcies dessus et laissez cuire 6 min. Ajoutez les queues de langoustines et laissez cuire 1 min de chaque côté. Parsemez le tout de persil haché et servez.

Noix de Saint-Jacques
au lard fumé et pommes granny

4 pers.

Cuisson 5 min

Prépar. 25 min

Ingrédients

- 12 noix de Saint-Jacques
- 6 tranches de poitrine fumée
- 1 pomme granny
- 25 cl de crème
- 1 filet d'huile d'olive
- Sel, poivre

1. Épongez les noix de Saint-Jacques sur du papier absorbant. Coupez les tranches de poitrine fumée en deux et enveloppez-en chaque noix de Saint-Jacques. Maintenez-les avec une pique en bois.

2. Faites préchauffer la plancha à 230 °C et huilez-la.

3. Réalisez 24 bâtonnets de pomme granny. Récupérez le reste de la chair de la pomme et coupez-la en petits morceaux.

4. Faites bouillir la crème, assaisonnez et ajoutez la chair de la pomme. Mixez le tout et réservez au chaud.

5. Piquez chaque noix de Saint-Jacques avec deux bâtonnets de pomme. Faites-les cuire 1 min de chaque côté sur la plancha.

6. Passez la sauce au mixeur au dernier moment et récupérez que la mousse pour réaliser une écume de pomme. Accompagnez les noix de Saint-Jacques avec cette crème.

Pétoncles au zeste d'orange et épinards frais

4 pers.

Cuisson 2 min

Prépar. 20 min

Marinade 10 min

Ingrédients

- 12 pétoncles
- 12 belles feuilles d'épinards frais
- 5 cl d'huile d'olive
- Le zeste râpé d'1/2 orange
- 4 tiges de ciboulette
- Sel, poivre

1. Équeutez les feuilles d'épinards et lavez-les.

2. Mélangez l'huile d'olive avec le zeste d'orange râpé et ajoutez les pétoncles. Assaisonnez et laissez mariner 10 min.

3. Faites préchauffer la plancha à 210 °C et huilez-la.

4. Enveloppez chaque pétoncle d'une feuille d'épinard. Coupez la ciboulette en gros bâtonnets.

5. Faites rôtir les pétoncles 1 min de chaque côté. Plantez deux bâtonnets de ciboulette et servez-les à l'apéritif.

Supions à la provençale

4 pers.

Cuisson 10 min

Prépar. 15 min

Ingrédients

* 800 g de supions
* 2 poivrons
* 2 oignons
* 2 gousses d'ail
* 2 tomates
* 3 cuillères à soupe d'huile d'olive
* Sel, poivre

1. Faites préchauffer la plancha à 210 °C.

2. Lavez les supions. Lavez et coupez les poivrons en petits dés. Pelez et hachez l'ail ainsi que l'oignon. Coupez les tomates en gros dés.

3. Faites cuire tous les ingrédients sur la plancha pendant 10 min en remuant souvent avec une spatule.

Poulpe aux poivrons et à la tomate

4 pers.

Cuisson 55 min

Prépar. 25 min

Ingrédients

- 800 g de poulpe
- 3 poivrons
- 4 tomates
- 100 g d'olives noires
- 3 cuillères à soupe d'huile d'olive
- Sel, poivre

1. Faites cuire le poulpe à la vapeur pendant 45 min. Épluchez-le et coupez-le en petits morceaux.

2. Faites préchauffer la plancha à 210 °C.

3. Lavez et coupez les poivrons en lanières fines. Lavez et coupez les tomates en petits dés.

4. Faites revenir les poivrons pendant 5 min sur la plancha avec l'huile d'olive. Ajoutez les dés de tomates, le poulpe et les olives noires. Faites cuire pendant 5 min, assaisonnez et servez.

Saint-Jacques au citron vert et piment d'Espelette

4 pers.

Cuisson 5 min

Prépar. 15 min

Marinade 15 min

Ingrédients

* 20 noix de Saint-Jacques
* 2 citrons verts
* 1 cuillère à café de piment d'Espelette
* 3 cuillères à soupe d'huile d'olive
* Sel

1. Pressez les citrons verts. Faites préchauffer la plancha à 230 °C.

2. Préparez une marinade avec le jus des citrons verts, le piment d'Espelette et l'huile d'olive.

3. Laissez mariner les noix de Saint-Jacques pendant 15 min.

4. Faites cuire les noix de Saint-Jacques à la plancha pendant 5 min. Arrosez avec la marinade avant de servir.

Saint-Jacques rôties au piment d'Espelette et vanille

4 pers.

Cuisson 2 min

Prépar. 15 min

Marinade 1 h

Ingrédients

* 12 noix de Saint-Jacques
* 4 cuillères à soupe de lait de coco
* 1 pointe de vanille en poudre
* 2 pincées de piment d'Espelette
* 4 cuillères à soupe de persil plat haché

1. Ôtez le nerf des Saint-Jacques et épongez-les. Mélangez le lait de coco avec la vanille et le piment d'Espelette. Ajoutez les Saint-Jacques et laissez mariner 1 h.

2. Faites préchauffer la plancha à 220 °C.

3. Égouttez et assaisonnez les noix de Saint-Jacques.

4. Faites-les cuire sur la plancha 1 min de chaque côté selon la grosseur.

5. Saupoudrez-les de persil et servez.

Saint-Jacques au citron vert et piment d'Espelette

Poissons

Dos de saumon
et vinaigrette d'agrumes

4 pers.

Cuisson 8 min

Prépar. 15 min

Ingrédients

* 4 pavés de saumon
* Le jus d'1/2 pamplemousse
* Le jus d'1/2 orange
* Le jus d'1/2 citron vert
* 10 cuillères à soupe d'huile d'olive
* 1 pincée de romarin
* 8 tomates-cerises
* 4 cuillères à soupe d'aneth haché
* Sel, poivre

1. Mélangez le jus des agrumes, assaisonnez. Ajoutez l'huile d'olive et le romarin.

2. Assaisonnez les pavés de saumon et saupoudrez-les d'aneth. Incisez la peau. Faites préchauffer la plancha à 180 °C.

3. Placez les pavés de saumon sur la plancha et les tomates-cerises autour. Laissez cuire 8 min environ sans retourner les pavés.

4. Servez les pavés de saumon cuits à l'unilatéral avec les tomates-cerises et arrosez-les de vinaigrette d'agrumes.

Queues de lottes rôties
aux pommes

4 pers.

Cuisson 20 min

Prépar. 25 min

Ingrédients

* 8 petites queues de lottes
* 5 pommes
* 1 citron
* 4 cuillères à soupe d'huile d'olive
* 1 bouquet de persil
* 1 cuillère à café de curry

1. Enlevez la peau des lottes. Pelez les pommes et coupez-les en gros dés. Faites préchauffer la plancha à 200 °C.

2. Pressez le citron et arrosez les pommes avec le jus. Triez, lavez et hachez le persil.

3. Faites revenir les queues de lottes sur la plancha avec l'huile d'olive pendant 10 min. Ajoutez les dés de pommes, le curry et laissez cuire 10 min en remuant souvent avec une spatule.

4. Juste avant de servir, saupoudrez de persil haché.

Queues de lottes rôties aux pommes

Espadon au jambon sec et sésame

4 pers.
Cuisson 5 min
Prépar. 15 min

Ingrédients

* 4 pavés d'espadon
* 4 tranches de jambon sec
* 4 cuillères à soupe de graines de sésame
* 4 branches de thym-citron
* Le jus d'un citron
* 1 filet d'huile d'olive
* Sel, poivre

1. Faites préchauffer la plancha à 200 °C.

2. Badigeonnez les pavés d'espadon d'un filet d'huile d'olive, saupoudrez-les de graines de sésame et enveloppez chaque pavé d'une tranche de jambon cru.

3. Faites cuire les pavés d'espadon 2 min de chaque côté, puis arrosez-les de jus de citron et parsemez-les de quelques pluches de thym-citron.

Sardines au vinaigre

4-5 pers.
Cuisson 10 min
Prépar. 30 min

Ingrédients

* 1 kg de sardines
* 5 cl de vinaigre
* Sel, poivre

1. Faites préchauffer la plancha à 210 °C.

2. Videz et enlevez la tête des sardines, puis levez les filets.

3. Faites cuire les sardines sur la plancha en les retournant de temps en temps.

4. À la fin de la cuisson, arrosez-les de vinaigre et assaisonnez.

Sardines au vinaigre

Filets de dorade
piqués aux olives et chorizo

4 pers.

Cuisson 5 min

Prépar. 20 min

Ingrédients

* 4 filets de dorade
* 4 rondelles de chorizo
* 4 olives noires
* 2 citrons verts
* 2 cuillères à soupe de ciboulette ciselée
* 8 cuillères à soupe d'huile de courge
* 1 filet d'huile d'olive
* Sel, poivre

1. Coupez les rondelles de chorizo et les olives noires en quatre.

2. Incisez légèrement la chair des filets de dorade à plusieurs endroits et glissez-y 4 morceaux de chorizo et d'olives noires.

3. Faites préchauffer la plancha à 210 °C et huilez-la.

4. Pelez à vif les citrons et récupérez les quartiers de pulpe. Coupez-les en petits dés. Mélangez-les avec la ciboulette, assaisonnez et ajoutez l'huile de courge.

5. Assaisonnez les filets de dorade, puis passez la peau à l'huile d'olive. Placez-les sur la plancha côté peau. Laissez cuire 4 min environ et servez-les avec la sauce au citron.

Pavé de thon au beurre de tomates séchées

Pain perdu au brocoli
et rouget rôti

4 pers.

Cuisson 5 min

Prépar. 25 min

Ingrédients

- 4 filets de rouget
- 4 tranches épaisses de pain sec
- 1/2 brocoli
- 3 jaunes d'œufs
- 15 cl de lait
- 1 filet d'huile d'olive
- Sel, poivre

1. Râpez les sommités du brocoli de façon à ne récupérer que les petits grains.

2. Faites préchauffer la plancha à 200 °C. Assaisonnez les filets de rouget.

3. Fouettez les jaunes avec le lait, assaisonnez et ajoutez les grains de brocoli. Trempez bien les tranches de pain dans l'appareil afin qu'elles soient bien imbibées.

4. Placez les tranches de pain imbibées sur la plancha et laissez-les cuire 2 min de chaque côté. Faites rôtir les filets de rouget côté peau pendant 1 min.

5. Déposez les pains perdus sur les assiettes et ajoutez sur chacun un filet de rouget par-dessus.

Pavés de thon
au beurre de tomates séchées

4 pers.

Cuisson 16 min

Prépar. 20 min

Repos 1 h

Ingrédients

- 4 pavés de thon
- 2 cuillères à soupe d'huile d'olive
- 100 g de beurre
- 50 g de tomates séchées
- 1 gousse d'ail
- Sel, poivre

1. Laissez le beurre à température ambiante afin qu'il ramollisse. Pelez l'ail. Faites préchauffer la plancha à 210 °C.

2. Mixez pendant quelques minutes le beurre avec les tomates séchées et l'ail, assaisonnez. Formez un rouleau que vous entourerez d'un film alimentaire. Laissez reposer au réfrigérateur pendant 1 h.

3. Faites cuire les pavés de thon sur la plancha avec l'huile d'olive 8 min de chaque côté.

4. Servez le thon avec des rondelles de beurre à la tomate.

Pavés de cabillaud marinés
à l'orange et badiane

4 pers.

Cuisson 10 min

Prépar. 20 min

Marinade 30 min

Ingrédients

* 4 pavés de cabillaud
* 1 orange
* 400 g de haricots mange-tout
* 10 cl d'huile d'olive
* 2 pincées de badiane en poudre
* 2 cuillères à soupe d'aneth haché
* Sel, poivre

1. Râpez le zeste de l'orange et pressez son jus.

2. Mélangez l'huile d'olive avec le zeste d'orange et la badiane, puis badigeonnez-en les pavés de cabillaud. Laissez mariner 30 min.

3. Faites préchauffer la plancha à 210 °C et huilez-la.

4. Plongez les haricots mange-tout 1 min dans de l'eau bouillante salée. Refroidissez-les et égouttez-les.

5. Placez les pavés de cabillaud côté peau sur la plancha, assaisonnez et laissez cuire 4 min. Ajoutez les haricots mange-tout à côté et poursuivez la cuisson 3 min.

6. Versez le jus d'orange par-dessus, saupoudrez le tout d'aneth et servez.

Pavés de saumon à l'unilatérale

Pavés de saumon à l'unilatérale

4 pers.

Cuisson 10 min

Prépar. 10 min

Ingrédients

- 4 pavés de saumon avec la peau
- 2 cuillères à soupe d'huile d'olive
- 1 citron
- Sel, poivre

1. Faites préchauffer la plancha à 200 °C.

2. Faites cuire les pavés de saumon côté peau sur la plancha avec l'huile d'olive, pendant 5 min.

3. Couvrez-les d'une feuille de papier d'aluminium et laissez cuire pendant encore 5 min sans les retourner. Assaisonnez et servez avec des quartiers de citron.

Rouget rôti sur foie gras poêlé

4 pers.

Cuisson 6 min

Prépar. 20 min

Ingrédients

- 8 petits filets de rouget
- 4 petites escalopes de foie gras cru
- 12 petites sommités de chou-fleur
- Sel, poivre

1. Plongez les sommités de chou-fleur pendant 4 min dans de l'eau bouillante salée. Refroidissez-les et égouttez-les.

2. Faites préchauffer la plancha à 220 °C.

3. Assaisonnez les filets de rouget ainsi que les escalopes de foie gras.

4. Placez les sommités de chou-fleur sur la plancha. Faites cuire les filets de rouget côté peau pendant 1 min. Retirez-les. Faites ensuite cuire les escalopes de foie gras 20 secondes de chaque côté. Placez-les sur un papier absorbant ainsi que le chou-fleur.

5. Sur chaque assiette, disposez un filet de rouget au centre, une escalope de foie par-dessus et recouvrez avec un autre filet de rouget. Ajoutez quelques sommités de chou-fleur autour et servez.

Rougets à la tapenade

4 pers.

Cuisson 5-10 min

Prépar. 20 min

Ingrédients

- 8 rougets
- 4 cuillères à soupe de tapenade
- 1 bouquet de basilic
- 1 citron
- 2 cuillères à soupe d'huile d'olive
- Sel, poivre

1. Videz et écaillez les rougets. Triez, lavez et hachez le basilic.

2. Pressez le citron et mélangez le jus avec le basilic. Faites préchauffer la plancha à 210 °C.

3. Roulez les rougets dans la tapenade.

4. Faites cuire les poissons sur la plancha avec l'huile d'olive pendant 5 à 10 min, selon leur grosseur.

5. Juste avant de servir, arrosez-les avec le jus de citron au basilic.

Rougets aux sommités de chou-fleur croquantes

4 pers.

Cuisson 13-15 min

Prépar. 20 min

Ingrédients

- 4 filets de rouget assez gros
- 4 oignons de printemps
- 300 g de sommités de chou-fleur
- 2 cuillères à soupe de cerfeuil haché
- 1 filet d'huile d'olive
- Sel, poivre

1. Lavez et émincez finement les oignons de printemps.

2. Faites préchauffer la plancha à 200 °C et huilez-la.

3. Plongez les sommités de chou-fleur dans de l'eau bouillante salée pendant 8 min. Refroidissez-les et égouttez-les.

4. Faites revenir les oignons de printemps et le chou-fleur à la plancha pendant 3 à 4 min.

5. Assaisonnez, ajoutez autour des légumes les filets de rouget côté peau. Laissez cuire 2 à 3 min, saupoudrez le tout de cerfeuil et servez.

Saumon à l'unilatérale
au parfum de vanille et basilic

4 pers.

Cuisson 6-8 min

Prépar. 15 min

Marinade 30 min

Ingrédients

* 4 pavés de saumon (avec la peau)
* 8 tomates-cerises
* 10 cl d'huile d'olive
* 1 gousse de vanille
* 4 cuillères à soupe de basilic émincé
* Le zeste râpé d'un citron vert
* Sel, poivre

1. Fendez la gousse de vanille en deux et récupérez les graines. Mélangez-les avec l'huile d'olive, le zeste de citron et le basilic. Badigeonnez les pavés de saumon de cette huile parfumée et laissez mariner 30 min.

2. Faites préchauffer la plancha à 200 °C et huilez-la.

3. Assaisonnez les pavés de saumon et placez-les côté peau sur la plancha. Laissez cuire de 6 à 8 min suivant la grosseur des pavés.

4. Servez les pavés de saumon avec les petites tomates-cerises.

Sole roulée
aux asperges vertes et coppa

4 pers.

Cuisson 15 min

Prépar. 25 min

Ingrédients

- 4 filets de sole
- 8 asperges vertes
- 4 tranches de coppa
- 1 filet d'huile d'olive
- Sel, poivre

1. Ôtez le pied des asperges et plongez-les 5 min dans de l'eau bouillante salée. Refroidissez-les et épluchez-les.

2. Coupez les tranches de coppa en deux.

3. Faites préchauffer la plancha à 200 °C et huilez-la.

4. Placez les filets de sole entre 2 feuilles de papier sulfurisé, puis aplatissez-les légèrement. Assaisonnez-les, ajoutez 2 morceaux de coppa et 2 asperges vertes. Roulez le tout et maintenez avec une pique en bois.

5. Passez les roulés dans l'huile d'olive et faites-les cuire à la plancha 4 min de chaque côté.

Tartare de saumon mi-cuit
aux asperges vertes

4 pers.

Cuisson 4 min

Prépar. 25 min

Ingrédients

* 400 g de saumon frais sans peau
* 6 asperges vertes
* 1/2 orange
* 1 échalote hachée
* 4 cuillères à soupe de sauce soja
* Le jus d'un citron vert
* 1 filet d'huile d'olive
* 1 cuillère à café de moutarde à l'ancienne
* Sel, poivre

1. Ôtez le pied des asperges vertes et plongez-les 3 min dans de l'eau bouillante salée. Refroidissez-les et ôtez leur peau fine. Récupérez les têtes et coupez les queues en petits dés. Coupez les têtes en tranches fines.

2. Faites préchauffer la plancha à 220 °C.

3. Pelez à vif l'orange et récupérez les quartiers de pulpe que vous couperez en petits dés. Enlevez la partie grisâtre du saumon et coupez la chair d'abord en tranches, puis en petits dés.

4. Mélangez les dés de saumon avec les dés d'asperges et d'orange, l'échalote, la sauce soja, la moutarde, le jus de citron et un filet d'huile d'olive. Assaisonnez et mélangez bien.

5. Répartissez le tartare de saumon dans 4 cercles en tassant bien. Démoulez les tartares.

6. Placez les tartares sur la plancha et laissez cuire 30 secondes de chaque côté.

7. Ajoutez quelques tranches de têtes d'asperges par-dessus avant de servir.

Suggestion : vous pouvez présenter cette recette de tartare de saumon dans des petites cuillères.

Viandes

Brochettes de porc à la moutarde

4 pers.

Cuisson 20 min

Prépar. 20 min

Ingrédients

* 800 g de filet de porc
* 4 tranches épaisses de poitrine fumée
* 8 cuillères à soupe de moutarde
* 4 cuillères à soupe d'huile d'olive
* 1 cuillère à soupe d'herbes de Provence
* Poivre

1. Coupez le filet de porc en morceaux réguliers. Coupez la poitrine fumée en petites tranches épaisses.

2. Mélangez la moutarde avec les herbes de Provence et 2 cuillères à soupe d'huile d'olive.

3. Faites préchauffer la plancha à 190 °C.

4. Enrobez les morceaux de porc de moutarde et piquez-les sur des brochettes en alternant avec des tranches de poitrine fumée.

5. Faites cuire les brochettes sur la plancha avec l'huile d'olive pendant 20 min et servez.

Brochettes de porc pané aux pistaches

4 pers.

Cuisson 10 min

Prépar. 25 min

Repos 1 h

Ingrédients

* 200 g de chair à saucisse
* 100 g de pistaches vertes réduites en poudre
* 1 échalote hachée
* 4 tiges de romarin
* 2 cuillères à soupe de persil plat haché
* 1 pincée de piment d'Espelette
* 1 blanc d'œuf
* Sel, poivre

1. Malaxez la chair à saucisse avec le blanc d'œuf, le persil, l'échalote et le piment. Réalisez 4 petits tas et donnez-leur la forme d'un fuseau.

2. Raccourcissez les tiges de romarin, ôtez les brindilles en ne laissant que les pointes. Piquez chaque fuseau sur les branches de romarin.

3. Passez les fuseaux dans la poudre de pistaches et laissez-les reposer 1 h au frais.

4. Faites préchauffer la plancha à 200 °C. Faites cuire les brochettes 10 min en les retournant de temps en temps.

Brochettes de porc à la moutarde

Côte de bœuf à la moelle

4 pers.

Cuisson 30-45 min

Prépar. 20 min

Ingrédients

- 1 côte de bœuf
- 4 os à moelle
- 2 cuillères à soupe d'huile d'olive
- 1 cuillère à soupe de gros sel

1. Dans une casserole, portez à ébullition de l'eau et plongez-y les os à moelle pendant 15 min. À l'aide d'un couteau, détachez la moelle des os.

2. Faites préchauffer la plancha à 200 °C.

3. Faites cuire la côte de bœuf sur la plancha de 15 à 30 min, selon la cuisson désirée.

4. Coupez la moelle en tranches fines et passez-les rapidement sur la plancha.

5. Servez la côte de bœuf avec la moelle, saupoudrez de gros sel et servez.

Tranches de gigot rôti
écume d'ail et légumes grillés

4 pers.

Cuisson 25 min

Prépar. 30 min

Ingrédients

* 4 tranches de gigot d'agneau
* 1 aubergine
* 1 courgette
* 1 poivron rouge
* 3 gousses d'ail violet
* 40 cl de crème
* 1 pincée de fond blanc de volaille
* 1 filet d'huile d'olive
* Quelques pincées de romarin
* Sel, poivre

1. Épluchez les gousses d'ail, coupez-les en deux et ôtez leur germe. Placez les gousses dans une casserole avec de l'eau froide et portez à ébullition. Égouttez-les puis renouvelez l'opération deux fois.

2. Faites bouillir la crème, ajoutez les gousses d'ail et une pincée de fond blanc de volaille. Laissez cuire à feu doux pendant 4 min. Assaisonnez.

3. Coupez en cubes l'aubergine, la courgette et le poivron. Faites préchauffer la plancha à 210 °C.

4. Assaisonnez les tranches de gigot et parsemez-les de romarin.

5. Placez les cubes de légumes sur la plancha, assaisonnez. Ajoutez un filet d'huile d'olive et laissez cuire 5 min. Ajoutez les tranches de gigot à côté. Laissez cuire 3 min de chaque côté. Mélangez bien les légumes.

6. Au moment de servir, dressez les tranches de gigot et les cubes de légumes sur les assiettes. Passez la crème d'ail au mixeur, récupérez l'écume et arrosez le tout.

Brochettes de bœuf
au paprika

4 pers.

Cuisson 10 min

Prépar. 20 min

Ingrédients

* 800 g de viande de bœuf
* 4 oignons
* 4 cuillères à soupe de paprika
* 2 cuillères à soupe d'huile d'olive
* Sel, poivre

1. Épluchez et coupez les oignons en gros morceaux. Coupez la viande de bœuf en petits cubes de 2 cm de côté.

2. Faites préchauffer la plancha à 210 °C.

3. Roulez les cubes de bœuf dans le paprika et assaisonnez-les. Piquez alternativement sur des brochettes les morceaux de bœuf et d'oignons.

4. Faites cuire les brochettes sur la plancha avec l'huile d'olive pendant 10 min et servez.

Brochettes de bœuf au paprika

Côtelettes d'agneau à la fleur de thym et tomates grillées

4 pers.

Cuisson 10 min

Prépar. 20 min

Marinade 15 min

Ingrédients

- 12 côtelettes d'agneau
- 4 tiges de fleur de thym
- 4 tomates
- 2 oignons de printemps
- 10 cl d'huile d'olive
- 3 pincées de sucre
- 2 gousses d'ail violet
- Sel, poivre

1. Lavez les tomates et coupez-les grossièrement. Émincez finement les oignons de printemps.

2. Mélangez les tomates avec les oignons, l'ail juste écrasé, le sucre et un filet d'huile d'olive. Laissez mariner 15 min.

3. Faites préchauffer la plancha à 230 °C et huilez-la.

4. Assaisonnez les côtelettes d'agneau et saupoudrez-les de thym.

5. Faites revenir le mélange de tomates sur la plancha, assaisonnez et laissez cuire 3 min. Ajoutez les côtelettes d'agneau et faites-les cuire 2 min de chaque côté.

Côtelettes d'agneau panées aux cacahuètes et persil plat

4 pers.

Cuisson 6 min

Prépar. 25 min

Ingrédients

- 12 côtelettes d'agneau
- 50 g de cacahuètes non salées
- 8 cuillères à soupe de persil plat haché
- 30 g de chapelure
- 1 blanc d'œuf
- 1 gousse d'ail hachée
- 5 cl d'huile d'olive
- Sel, poivre

1. Faites préchauffer la plancha à 210 °C.

2. Mixez fortement les cacahuètes, le persil, l'ail et la chapelure. Ajoutez l'huile d'olive et un blanc d'œuf mousseux. Mélangez bien.

3. Assaisonnez les côtelettes d'agneau et recouvrez-les avec la pâte de cacahuètes.

4. Faites cuire les côtelettes d'agneau sur la plancha pendant 3 min de chaque côté.

Côtelettes d'agneau à la fleur de thym et tomates grillées

Crapaudine de caillles au raisin

Râbles de lapin
aux mange-tout et cacahuètes

4 pers.

Cuisson 18 min

Prépar. 25 min

Marinade 1 h

Ingrédients

* 2 râbles de lapin coupés en tranches
* 50 g de cacahuètes
* 400 g de mange-tout
* 8 tomates-cerises
* 1 gousse d'ail écrasée
* 1 filet d'huile d'olive
* 1 échalote hachée
* 1 pincée de gingembre râpé
* Sel, poivre

1. Faites préchauffer la plancha à 190 °C.

2. Assaisonnez les morceaux de râbles et mélangez-les avec le gingembre, l'échalote, l'ail et un filet d'huile d'olive. Laissez mariner 1 h au frais.

3. Plongez les mange-tout pendant 2 min dans de l'eau bouillante salée. Refroidissez-les et égouttez-les.

4. Placez les morceaux de râbles sur la plancha et laissez cuire 5 min, en les retournant de temps en temps. Ajoutez les cacahuètes, les mange-tout et les tomates-cerises. Assaisonnez et faites cuire l'ensemble pendant 10 min en mélangeant régulièrement.

Crapaudine de cailles
au raisin

4 pers.

Cuisson 15 min

Prépar. 20 min

Ingrédients

* 4 cailles
* 1 belle grappe de raisin
* 5 cl de vin blanc
* 2 cuillères à soupe d'huile d'olive
* Sel, poivre

1. Lavez et égrappez le raisin. Faites préchauffer la plancha à 190 °C.

2. Fendez les cailles par le bréchet à l'aide d'une paire de ciseaux et aplatissez-les. Assaisonnez.

3. Faites cuire les cailles avec l'huile d'olive sur la plancha pendant 15 min, en les retournant de temps en temps.

4. Cinq minutes avant la fin de la cuisson, ajoutez le raisin puis le vin blanc.

Brochettes de volaille
marinées curry-coco

4 pers.

Cuisson 8 min

Prépar. 25 min

Marinade 1 h

Ingrédients

* 4 filets de poulet
* 2 cuillères à soupe de pâte de curry
* 10 cl de lait de coco
* 1 yaourt nature
* 1 cuillère à soupe de noix de coco râpée
* 1 citron vert
* 1 poivron rouge
* 1 courgette
* 3 cuillères à soupe de coriandre fraîche hachée
* Sel, poivre

1. Mélangez le yaourt avec le lait de coco, la pâte de curry, la noix de coco râpée et la coriandre. Coupez les filets de poulet en gros cubes, assaisonnez-les et placez-les dans la marinade. Laissez mariner 1 h.

2. Préparez le poivron ainsi que la courgette et coupez-les en cubes. Pressez le citron.

3. Faites préchauffer la plancha à 230 °C et huilez-la.

4. Égouttez les cubes de poulet en récupérant la marinade. Réalisez les brochettes en alternant les cubes de poulet et de légumes.

5. Faites cuire les brochettes 3 min de chaque côté, ajoutez la marinade et le citron vert. Mélangez bien et dressez les brochettes sur des assiettes avec un peu de marinade.

Entrecôtes aux graines de moutarde et beurre marchand de vin

4 pers.

Cuisson 8 min

Prépar. 25 min

Ingrédients

- 150 g de beurre
- 1 échalote hachée
- 15 cl de vin rouge
- Le jus d'1/2 citron
- 2 cuillères à soupe de persil plat haché
- 1 cuillère à soupe de moutarde à l'ancienne
- 1 bouquet de cresson
- Sel, poivre

1. Coupez le beurre en petits morceaux et laissez-le à température ambiante jusqu'à ce qu'il soit en pommade.

2. Dans une casserole, mettez l'échalote hachée avec le vin rouge et laissez réduire à sec. Ajoutez le jus de citron, la moutarde et le persil. Versez ce mélange sur le beurre en pommade et mélangez bien. Assaisonnez, garnissez une poche à douille et réalisez des petites bouchés. Laissez prendre au frais.

3. Faites préchauffer la plancha à 250 °C et huilez-la.

4. Équeutez et lavez le cresson. Assaisonnez les entrecôtes et faites-les cuire sur la plancha à la cuisson désirée.

5. Accompagnez les entrecôtes de cresson et de beurre marchand de vin froid qui fondra sur les entrecôtes.

Escalopes de foie gras et mangue acidulée

4 pers.
Cuisson 25 min
Prépar. 25 min

Ingrédients

- 4 tranches d'escalopes de foie gras cru
- 2 oignons rouges
- 1 mangue
- 15 cl de vinaigre de vin rouge
- 100 g de sucre
- Sel, poivre

1. Épluchez et émincez finement les oignons. Épluchez la mangue et récupérez la chair. Coupez-la en petits dés.

2. Placez-les avec le vinaigre dans une casserole, faites réduire à sec. Ajoutez le sucre, laissez cuire 5 min en mélangeant, puis ajoutez les dés de mangue. Assaisonnez et laissez compoter à feu doux pendant 15 min environ.

3. Faites préchauffer la plancha à 230 °C.

4. Assaisonnez les escalopes de foie gras. Faites-les cuire à la plancha 1 min de chaque côté. Servez les escalopes de foie gras avec la compotée de mangue.

Émincé de canard au poivre vert et asperges rôties

4 pers.
Cuisson 5-6 min
Prépar. 20 min
Marinade 1 h

Ingrédients

- 2 magrets de canard
- 12 asperges vertes
- 2 cuillères à soupe de poivre vert
- 4 cuillères à soupe de sauce soja
- 2 échalotes hachées
- 2 pincées de thym-citron
- Sel, poivre

1. Ôtez le nerf des 2 magrets, incisez la graisse, puis coupez 8 tranches dans chacun.

2. Mélangez le poivre vert avec la sauce soja, les échalotes et le thym-citron. Placez les tranches de magrets dans la marinade et laissez reposer 1 h au frais.

3. Coupez le pied des asperges et plongez-les 2 min dans de l'eau bouillante salée. Refroidissez-les, ôtez leur peau fine et égouttez-les.

4. Faites préchauffer la plancha à 210 °C.

5. Placez les asperges et les tranches de magrets sur la plancha. Laissez cuire 3-4 min en mélangeant. Ajoutez la marinade. Mélangez bien et servez.

Escalopes de foie gras et mangue acidulée

Foie gras à la plancha
au vinaigre de framboise

4 pers.

Cuisson 2 min

Prépar. 10 min

Ingrédients

- 4 tranches de foie gras
- 2 cuillères à soupe de vinaigre de framboise
- Sel, poivre

1. Faites préchauffer votre plancha à 220 °C.

2. Déposez les tranches de foie sur la plancha et faites-les cuire 1 min sur chaque face. Assaisonnez.

3. Arrosez le foie avec le vinaigre et servez immédiatement.

Aiguillettes de canard
aux griottines et mini-poireaux

4 pers.

Cuisson 15 min

Prépar. 25 min

Ingrédients

- 8 aiguillettes de canard
- Une vingtaine de griottes
- 8 mini-poireaux
- 1 tige de céleri-branche
- 2 cuillères à soupe de vinaigre de vin
- 3 carottes
- Sel, poivre

1. Épluchez et coupez les carottes en rondelles fines. Plongez-les 5 min dans de l'eau bouillante salée. Égouttez-les.

2. Lavez les mini-poireaux et plongez-les 2 min dans de l'eau bouillante salée. Refroidissez-les et égouttez-les.

3. Faites préchauffer la plancha à 210 °C.

4. Émincez finement le céleri-branche. Assaisonnez les aiguillettes.

5. Faites revenir les rondelles de carottes, les mini-poireaux et le céleri sur la plancha pendant 3 min. Ajoutez les aiguillettes et les griottines. Laissez cuire 4 min en mélangeant. Versez le vinaigre de vin, mélangez et servez.

Foie gras à la plancha au vinaigre de framboise

Saltimboccas

Galette de pommes de terre aux magrets fumés et poivrons

4 pers.

Cuisson 10 min

Prépar. 20 min

Ingrédients

- 4 pommes de terre
- 6 tranches de magret fumé
- 3 morceaux de poivrons à l'huile
- 1 gousse d'ail hachée
- 2 cuillères à soupe de persil plat haché
- 1 jaune d'œuf
- 20 g de farine
- Sel, poivre

1. Coupez les tranches de magret fumé en petits morceaux, de même que les morceaux de poivrons.

2. Épluchez et râpez les pommes de terre. Mélangez-les avec le jaune d'œuf, la farine, l'ail, le persil, les morceaux de magret fumé et de poivrons. Assaisonnez et égouttez le tout.

3. Faites préchauffer la plancha à 200 °C, puis placez-y un cercle. Ajoutez le mélange aux pommes de terre, tassez et laissez cuire 5 min. Retournez la galette et poursuivez la cuisson 5 min.

4. Servez avec une viande ou une salade.

Suggestion : Vous pouvez réaliser aussi plusieurs petites galettes individuelles en prenant des petits cercles. Ne faites pas des galettes trop épaisses.

Saltimboccas

4 pers.

Cuisson 10 min

Prépar. 15 min

Ingrédients

- 8 tranches fines de filet de veau
- 4 tranches de jambon cru
- 1 petit bouquet de sauge
- 30 cl de vin blanc
- 2 cuillères à soupe d'huile d'olive
- Sel, poivre

1. Aplatissez les tranches de veau avec la paume de la main. Coupez les tranches de jambon cru en deux. Triez et lavez les feuilles de sauge.

2. Faites préchauffer la plancha à 210 °C.

3. Faites cuire les tranches de filet de veau sur la plancha avec l'huile d'olive pendant 5 min, puis ajoutez le jambon. Une fois que celui-ci est bien doré, déposez le jambon sur les tranches de veau.

4. Versez le vin sur la plancha et ajoutez les feuilles de sauge. Laissez réduire le vin de moitié.

5. Servez les saltimboccas avec un peu de jus.

Émincé de poulet
miel et citron

4 pers.

Cuisson 10 min

Prépar. 20 min

Marinade 30 min

Ingrédients

- 4 filets de poulet
- Le jus de 2 citrons
- 3 cuillères à soupe de miel
- 1/2 cuillère à café de poudre de piment
- 2 cuillères à soupe d'huile d'olive
- Sel

1. Coupez les filets de poulet en lanières fines.

2. Préparez une marinade avec le jus des citrons, le miel et le piment. Faites mariner les lanières de poulet pendant 30 min.

3. Faites préchauffer la plancha à 210 °C.

4. Égouttez les lanières de poulet et faites-les cuire sur la plancha avec l'huile d'olive pendant 10 min, en remuant souvent avec une spatule.

5. Juste avant de servir, arrosez les lanières de poulet avec la marinade.

Omelette plate aux herbes
et coppa au chèvre frais

4 pers.
Cuisson 8 min
Prépar. 25 min

Ingrédients

* 12 œufs
* 200 g de chèvre frais
* 6 tranches de coppa
* 2 échalotes hachées finement
* 2 cuillères à café de ciboulette émincée
* 2 cuillères à café de persil plat haché
* 1 filet d'huile d'olive
* Sel, poivre

1. Coupez la coppa en petits morceaux.

2. Faites préchauffer la plancha à 200 °C. Cassez les œufs dans un saladier et fouettez-les avec les herbes et les échalotes hachées. Assaisonnez.

3. Placez 4 petits cercles sur la plancha. Versez un peu de mélange d'œufs. Laissez cuire 1 min en mélangeant un peu. Laissez-les refroidir. Réalisez 8 petites omelettes plates.

4. Malaxez le chèvre avec les morceaux de coppa, ajoutez un filet d'huile d'olive et assaisonnez.

5. Dans 4 assiettes, placez une omelette plate, ajoutez une quenelle de chèvre frais, puis recouvrez avec une autre omelette plate.

Magrets de canard
aux mangues

4 pers.
Cuisson 15 min
Prépar. 15 min

Ingrédients

* 2 magrets de canard
* 2 mangues
* Sel, poivre

1. Pelez et coupez les mangues en tranches. Faites préchauffer la plancha à 200 °C.

2. Faites cuire les magrets sur la plancha pendant 5 min, en commençant par le côté où il y a la peau, puis retournez-les et laissez cuire encore 5 min.

3. Juste avant de servir, ajoutez les tranches de mangues et faites-les dorer sur les deux faces.

Omelette plate aux herbes et coppa au chèvre frais

Mignon de veau
en brochette à la citronnelle

4 pers.

Cuisson 6 min

Prépar. 15 min

Ingrédients

- 8 petits médaillons de veau assez épais, taillés dans le filet mignon
- 2 tiges de citronnelle
- 1 filet d'huile d'olive
- Sel, poivre

1. Ôtez les premières feuilles de la citronnelle et coupez-les en deux dans la longueur.

2. Faites préchauffer la plancha à 230 °C et huilez-la.

3. Assaisonnez les médaillons et piquez-en 2 avec une tige de citronnelle. Réalisez les autres brochettes.

4. Faites cuire les brochettes à la plancha 3 min de chaque côté.

Rouleaux de jambon cru
à l'aubergine

4 pers.

Cuisson 6 min

Prépar. 25 min

Ingrédients

- 1 aubergine
- 4 cuillères à soupe de ricotta
- 25 g de pignons de pin
- 4 tranches de jambon de pays
- 4 feuilles de basilic émincées
- Sel, poivre

1. Faites préchauffer la plancha à 200 °C. Ôtez les extrémités de l'aubergine, puis détaillez-la en 8 tranches dans la longueur de 1 cm d'épaisseur.

2. Faites colorer les tranches d'aubergine 2 min de chaque côté à la plancha. Laissez refroidir.

3. Faites griller les pignons de pin sur la plancha. Mélangez-les avec la ricotta et le basilic.

4. Étalez les tranches de jambon de pays. Sur chaque tranche, placez dessus 2 tranches d'aubergine. Ajoutez une cuillère à soupe de ricotta sur un côté et roulez-les.

5. Faites colorer les rouleaux 30 secondes de chaque côté et servez-les avec un bouquet de mesclun.

Mignon de veau en brochette à la citronnelle

Fricassée d'escargots
aux rattes et oignons de printemps

4 pers.

Cuisson 25 min

Prépar. 25 min

Ingrédients

* 24 escargots (en boîte)
* 16 pommes de terre de type ratte
* 3 oignons de printemps
* 4 cl de madère
* 1 gousse d'ail hachée
* 4 cuillères à soupe de persil plat haché
* Sel, poivre

1. Lavez et placez les rattes dans une casserole d'eau froide salée. Portez à ébullition et laissez cuire 15-20 min. Égouttez-les et coupez-les en rondelles.

2. Faites préchauffer la plancha à 210 °C.

3. Rincez et égouttez les escargots. Émincez finement les oignons de printemps.

4. Placez sur la plancha les rondelles de pommes de terre, les escargots et les oignons de printemps. Assaisonnez et laissez cuire 5 min en mélangeant délicatement. Ajoutez l'ail et le persil. Mélangez bien. Arrosez le tout de madère et servez avec une salade de mâche.

Roulés de volaille
aux abricots et sésame

4 pers.

Cuisson 5 min

Prépar. 25 min

Ingrédients

* 4 escalopes de volaille
* 8 abricots secs moelleux
* 8 rondelles de chorizo
* 4 cuillères à soupe de persil plat haché
* 2 cuillères à soupe de graines de sésame grillées
* 1 filet d'huile d'olive

1. Coupez les escalopes de volaille en deux et assaisonnez-les. Saupoudrez-les de graines de sésame et de persil haché.

2. Faites préchauffer la plancha à 230 °C et huilez-la.

3. Enveloppez chaque abricot d'une tranche de chorizo, puis d'une tranche de volaille. Roulez le tout et maintenez-les avec une pique en bois.

4. Faites cuire les roulés 2 min de chaque côté à la plancha.

Roulés de volaille aux abricots et sésame

Tranches de boudin et pain d'épices

T-bones de veau
panés aux amandes

4 pers.
Cuisson 8 min
Prépar. 25 min

Ingrédients

* 4 T-bones de veau
* 3 œufs
* 10 cl d'huile
* Le zeste râpé d'un citron
* 80 g d'amandes effilées
* 40 g de chapelure
* 50 g de farine
* Sel, poivre

1. Faites préchauffer la plancha à 200 °C.

2. Réduisez en poudre les amandes effilées et mélangez-les avec la chapelure et le zeste de citron.

3. Dans une assiette, fouettez les œufs avec l'huile.

4. Assaisonnez les T-bones de veau. Passez-les dans la farine. Tapotez-les bien et trempez-les dans les œufs battus. Passez-les dans le mélange chapelure-amandes.

5. Placez les T-bones panés sur la plancha et faites-les cuire 4 min de chaque côté.

Tranches de boudin
et pain d'épices

4 pers.
Cuisson 5 min
Prépar. 10 min

Ingrédients

* 400 g de boudin
* 16 tranches de pain d'épices
* 3 cuillères à soupe d'huile d'olive

1. Coupez le boudin en tranches épaisses (1 cm). Faites préchauffer la plancha à 210 °C.

2. Faites revenir le pain d'épices et les tranches de boudin sur la plancha avec l'huile d'olive pendant 5 min.

3. Servez les tranches de boudin bien grillées sur le pain d'épices.

Travers de porc aux épices, sauce barbecue

4 pers.

Cuisson 25 min

Prépar. 20 min

Ingrédients

* 800 g de travers de porc
* 1 cuillère à café de paprika
* 1 cuillère à café de piment en poudre
* 2 gousses d'ail hachées
* 3 cuillères à soupe de vinaigre
* 6 cuillères à soupe d'huile d'olive
* 3 cuillères à soupe de ketchup
* 1 cuillère à soupe de moutarde
* 1 cuillère à soupe de sucre

1. Dans un bol, mélangez le paprika, le piment, une cuillère à soupe de vinaigre, 2 cuillères à soupe d'huile d'olive et l'ail haché. Enduisez le travers de porc de ce mélange 1 h avant la cuisson.

2. Faites préchauffer la plancha à 190 °C.

3. Pour la sauce barbecue, mélangez le ketchup avec 2 cuillères à soupe d'huile, 2 cuillères à soupe de vinaigre, une cuillère à soupe de moutarde et une cuillère à soupe de sucre.

4. Faites cuire le travers de porc sur la plancha avec 2 cuillères à soupe d'huile d'olive pendant 25 min.

5. Servez le travers de porc avec la sauce barbecue froide.

Légumes

Artichauts poivrade
aux tomates-cerises et oignons rouges

4 pers.

Cuisson 10 min

Prépar. 30 min

Ingrédients

- 8 artichauts poivrade
- 4 tomates-cerises
- 1 oignon rouge
- 1 filet d'huile d'olive
- 1 branche de thym frais
- 15 cl de vin blanc
- 1/4 citron
- 2 cuillères à soupe de coriandre fraîche hachée
- Sel, poivre

1. Coupez la pointe des artichauts et ôtez les premières feuilles. Coupez-les en quatre, ôtez le foin et citronnez-les pour qu'ils ne noircissent pas.

2. Faites préchauffer la plancha à 180 °C et huilez-la.

3. Épluchez et émincez l'oignon rouge.

4. Placez les artichauts ainsi que l'oignon rouge sur la plancha, assaisonnez et laissez cuire 6 min, en mélangeant de temps en temps.

5. Ajoutez les tomates-cerises ainsi que le thym et poursuivez la cuisson 4 min en mélangeant.

6. Versez le vin blanc par-dessus, mélangez bien, saupoudrez le tout de coriandre et servez à l'apéritif.

Asperges vertes en deux façons

4 pers.

Cuisson 5 min

Prépar. 25 min

Ingrédients

* 20 asperges vertes
* 30 g de poudre de noisettes
* 1 œuf
* 4 cl d'huile
* 30 g de farine
* 1 échalote hachée
* 4 pétales de tomates confites coupées en dés
* 15 g de parmesan râpé
* Vinaigre balsamique (facultatif)

1. Ôtez le pied des asperges. Plongez les asperges 2 min dans de l'eau bouillante salée. Refroidissez-les, ôtez leur peau fine et égouttez-les. Récupérez les têtes et coupez les queues en petits dés. Laissez égoutter.

2. Dans une assiette, fouettez l'œuf avec l'huile. Passez les pointes d'asperges dans la farine, puis dans l'œuf battu et enfin dans la poudre de noisettes.

3. Mélangez les dés d'asperges avec les tomates confites, l'échalote et le parmesan râpé.

4. Faites préchauffer la plancha à 210 °C. Faites revenir les dés d'asperges mélangés pendant 2 min. Garnissez-en de petits cercles sur les assiettes en tassant.

5. Faites colorer les pointes d'asperges 30 secondes de chaque côté. Retirez les cercles et placez les pointes d'asperges autour. Vous pouvez arroser le tout d'un trait de vinaigre balsamique.

Spaghetti de courgettes à la crème et au citron

4 pers.

Cuisson 10 min

Prépar. 15 min

Ingrédients

* 4 courgettes
* 10 cl de crème fraîche
* 2 citrons
* 3 cuillères à soupe d'huile d'olive
* Sel, poivre

1. Faites préchauffer la plancha à 200 °C.

2. Lavez les courgettes et râpez-les comme des carottes. Pressez les citrons.

3. Faites revenir les courgettes sur la plancha avec l'huile d'olive pendant 5 min.

4. Ajoutez la crème fraîche et le jus de citron, laissez cuire 5 min. Assaisonnez et servez.

Spaghetti de courgettes à la crème et au citron

Asperges vertes rôties au parmesan

4 pers.

Cuisson 8 min

Prépar. 20 min

Ingrédients

* 12 asperges vertes
* 25 g de parmesan râpé
* 1 filet d'huile d'olive
* 5 cl de vinaigre balsamique
* 4 tomates-cerises
* Sel, poivre

1. Ôtez le pied des asperges et plongez-les 4 min dans de l'eau bouillante salée (elles doivent être croquantes). Refroidissez-les et épluchez-les.

2. Faites préchauffer la plancha à 210 °C et huilez-la. Faites rôtir les asperges vertes 2 min de chaque côté.

3. Saupoudrez-les de parmesan, ajoutez les tomates et poursuivez la cuisson 1 min.

4. Ajoutez le vinaigre balsamique, mélangez bien et servez ces asperges à l'apéritif.

Melon rôti au jambon de pays et basilic

Aubergines marinées

4 pers.
Cuisson 10 min
Prépar. 20 min
Marinade 15 min

Ingrédients

* 4 aubergines
* 2 échalotes hachées
* 1 gousse d'ail
* 1 cuillère à café de piment d'Espelette en poudre
* 1 branche de thym
* 20 cl d'huile d'olive
* Sel

1. Pelez et hachez les échalotes et l'ail.

2. Préparez une marinade avec l'huile d'olive, l'ail, les échalotes, le thym et le piment d'Espelette.

3. Coupez les aubergines dans la longueur en tranches de 1 cm d'épaisseur. Faites mariner les tranches d'aubergines pendant 15 min.

4. Faites préchauffer la plancha à 210 °C.

5. Faites cuire les tranches d'aubergines à la plancha environ 5 min de chaque côté. Salez avant de servir.

Melon rôti au jambon de pays et basilic

4 pers.
Cuisson 2 min
Prépar. 15 min

Ingrédients

* 12 morceaux de melon
* 6 tranches de jambon de pays
* 1 filet d'huile d'olive
* 1 cuillère à soupe de basilic ciselé

1. Mélangez les morceaux de melon avec un filet d'huile d'olive et le basilic ciselé.

2. Coupez les tranches de jambon en deux dans la longueur et enveloppez-en chaque morceau de melon.

3. Faites préchauffer la plancha à 210 °C et huilez-la. Faites rôtir les morceaux de melon 1 min de chaque côté.

4. Servez-les à l'apéritif avec un vin cuit.

Champignons variés
aux fèves et escargots persillés

4 pers.

Cuisson 15 min

Prépar. 20 min

Ingrédients

- 12 escargots (en boîte)
- 700 g de mélange de champignons surgelés ou frais
- 100 g de fèves
- 1 gousse d'ail hachée
- 3 cuillères à soupe de persil haché
- 1 filet d'huile d'olive
- 10 cl de vin rouge
- Sel, poivre

1. Plongez les fèves 2 min dans de l'eau bouillante salée. Refroidissez-les, égouttez-les et écossez-les.

2. Faites préchauffer la plancha à 200 °C et huilez-la.

3. Faites revenir les champignons à la plancha pendant 5 min, en les assaisonnant.

4. Ajoutez l'ail, le persil, les fèves et les escargots, poursuivez la cuisson 5 min en mélangeant.

5. Ajoutez le vin rouge, mélangez bien et servez sans attendre.

Suggestion : vous pouvez garnir des petits feuilletés avec cette préparation.

Légumes croquants
à la lavande et citron vert

4 pers.

Cuisson 10 min

Prépar. 30 min

Marinade 30 min

Ingrédients

* 1 kg de légumes mélangés (haricots verts, courgettes, tomates-cerises, fenouil, poivrons jaunes)
* 5 cl d'huile d'olive
* 2 pincées de grains de lavande
* 1 citron vert
* Sel, poivre

1. Lavez et parez les légumes, puis détaillez-les en morceaux pas trop gros. Râpez le zeste du citron et pressez son jus.

2. Faites préchauffer la plancha à 180 °C et huilez-la.

3. Mélangez l'huile d'olive avec les grains de lavande et le zeste de citron. Versez le tout sur les légumes. Assaisonnez et laissez mariner 30 min.

4. Versez le mélange de légumes sur la plancha et laissez cuire 10 min en mélangeant de temps en temps. Les légumes doivent rester croquants.

5. Ajoutez le jus de citron, mélangez et servez.

Piquillos farcis au chèvre et épinards

4 pers.

Cuisson 10 min

Prépar. 25 min

Ingrédients

- 4 piquillos (petits poivrons rouges préparés)
- 50 g d'épinards frais
- 100 g de chèvre frais
- 1 filet d'huile d'olive
- 1 gousse d'ail violet
- 1 cuillère à soupe de noisettes hachées et grillées
- Sel, poivre

1. Faites préchauffer la plancha à 200 °C et huilez-la.

2. Équeutez et lavez les épinards, puis émincez-les. Faites-les revenir sur la plancha avec la gousse d'ail pendant 2 min.

3. Malaxez le chèvre avec les noisettes hachées et les épinards, assaisonnez.

4. Videz l'intérieur des piquillos et garnissez-les avec le mélange au chèvre. Maintenez-les avec une pique en bois.

5. Faites-les rôtir sur la plancha 4 min de chaque côté avant de servir.

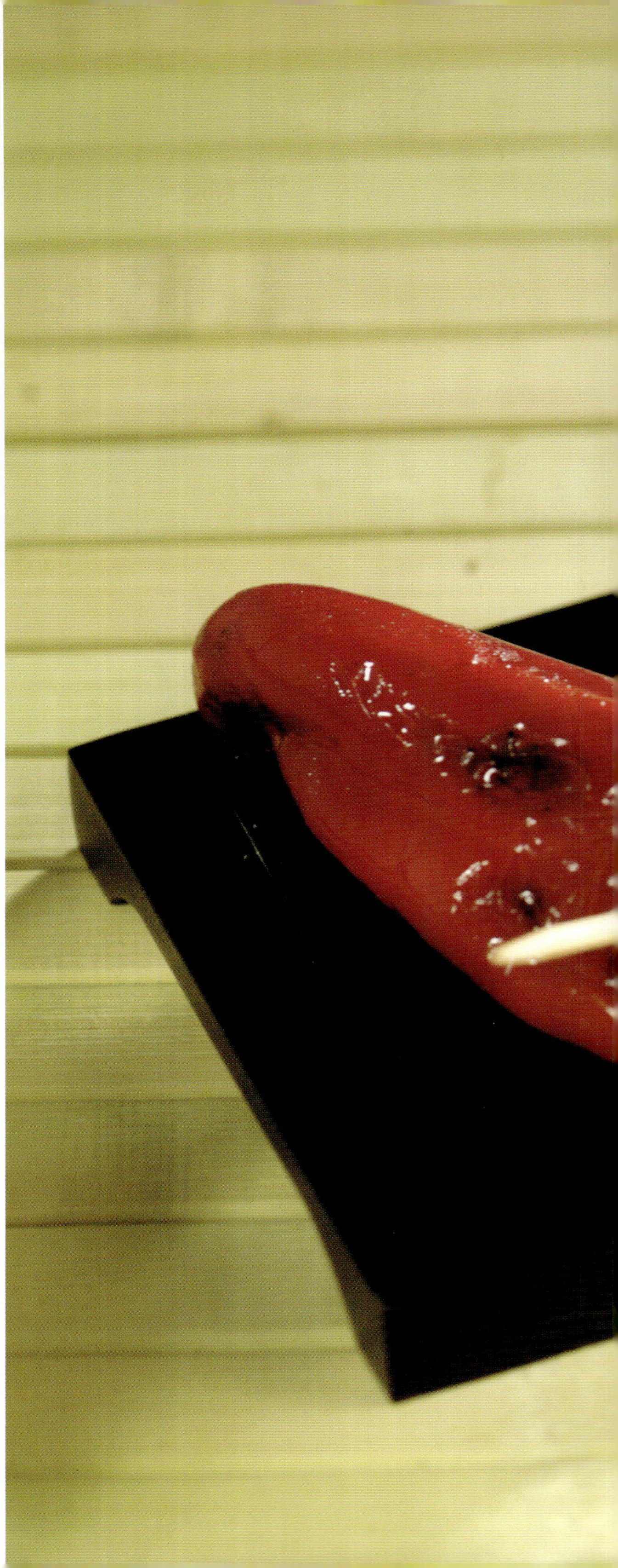

Petit cabécou
à la courgette marinée au romarin

4 pers.

Cuisson 4 min

Prépar. 25 min

Marinade 30 min

Ingrédients

- 4 cabécou
- 1 courgette
- 1 tige de romarin
- Le jus d'un citron vert
- 5 cl d'huile d'olive
- 80 g de mesclun
- 2 cuillères à soupe de vinaigre balsamique
- 4 cuillères à soupe d'huile de pépins de raisin
- Sel, poivre

1. Lavez et ôtez les extrémités de la courgette. Détaillez 4 belles tranches dans la longueur de 1 cm d'épaisseur (à l'aide d'une mandoline). Placez-les dans un plat avec 5 cl d'huile d'olive, le jus de citron, le romarin émietté et assaisonnez. Mélangez le tout et laissez mariner 30 min.

2. Faites préchauffer la plancha à 200 °C et huilez-la.

3. Enveloppez chaque cabécou avec une tranche de courgette. Faites-les rôtir sur la plancha 2 min de chaque côté.

4. Mélangez le vinaigre avec un peu de sel et poivre, ajoutez l'huile de pépins de raisin. Assaisonnez le mesclun avec cette vinaigrette.

5. Répartissez le mesclun dans les assiettes et ajoutez un cabécou par-dessus.

Tomates à la provençale

4 pers.

Cuisson 10 min

Prépar. 15 min

Ingrédients

* 8 tomates
* 1 bouquet de persil
* 4 gousses d'ail
* 4 cuillères à soupe d'huile d'olive
* Sel, poivre

1. Faites préchauffer la plancha à 200 °C.

2. Triez, lavez et hachez le persil. Pelez et hachez les gousses d'ail, que vous mélangerez avec le persil.

3. Lavez puis coupez les tomates en deux.

4. Faites cuire les tomates à la plancha avec l'huile d'olive en commençant par le côté coupé (5 min). Retournez-les, assaisonnez et saupoudrez de persillade. Poursuivez la cuisson pendant 5 min.

Poivrons aux anchois

4 pers.

Cuisson 20 min

Prépar. 30 min

Ingrédients

- 400 g d'anchois frais
- 4 poivrons
- 2 oignons
- 1 cuillère à soupe d'herbes de Provence
- 4 cuillères à soupe d'huile d'olive
- Sel, poivre

1. Faites préchauffer la plancha à 190 °C.

2. Lavez les poivrons et coupez-les en lanières fines. Épluchez et coupez les oignons en rondelles. Triez et videz les anchois.

3. Mettez à cuire les poivrons et les oignons sur la plancha avec l'huile d'olive pendant 15 min, en remuant souvent avec une spatule.

4. Ajoutez les herbes de Provence, les anchois et laissez encore cuire 5 min. Assaisonnez et servez.

Fruits

Ananas caramélisé au rhum

4 pers.

Cuisson 10 min

Prépar. 20 min

Ingrédients

- 1 ananas
- 4 cuillères à soupe de sucre en poudre
- 4 cuillères à soupe de rhum
- 100 g de raisins secs
- 1 noix de beurre

1. Mettez à tremper les raisins secs dans le rhum pendant 30 min.

2. Pelez l'ananas et coupez-le en tranches. Enlevez le cœur à l'aide d'un vide-pomme.

3. Faites préchauffer la plancha à 210 °C.

4. Faites revenir les tranches d'ananas sur la plancha avec le beurre pendant 5 min. Ajoutez le rhum ainsi que les raisins et laissez encore cuire 5 min.

Ananas mariné à la citronnelle et mûres éclatées

4 pers.

Cuisson 5 min

Prépar. 25 min

Ingrédients

- 1/2 ananas
- 100 g de mûres
- 2 tiges de citronnelle
- 25 g de framboises séchées
- 2 cuillères à soupe de menthe émincée
- 50 g de beurre

1. Hachez les framboises séchées. Malaxez le beurre en pommade et ajoutez les framboises séchées et la menthe. Laissez reposer au frais.

2. Épluchez l'ananas et coupez-le en gros cubes. Coupez les tiges de citronnelle en deux dans la longueur. Réalisez les brochettes en piquant les cubes d'ananas sur les tiges de citronnelle.

3. Faites préchauffer la plancha à 210 °C. Faites fondre le beurre aux framboises et faites rôtir les brochettes 2 min de chaque côté. Ajoutez les mûres, laissez-les légèrement éclatées et servez le tout.

Ananas mariné à la citronnelle et mûres éclatées

Abricots rôtis au basilic et éclats de céréales

4 pers.
Cuisson 2 min
Prépar. 15 min

Ingrédients

- 12 abricots frais
- 4 feuilles de basilic émincées
- 3 cuillères à soupe de sucre roux
- 2 cuillères à soupe de vinaigre balsamique
- 12 cuillères à soupe de céréales (müesli ou autre)
- 4 boules de glace à la pistache

1. Coupez les abricots en deux, ôtez leur noyau et coupez-les en quartiers. Faites préchauffer la plancha à 210 °C.

2. Placez les abricots sur la plancha, saupoudrez-les de sucre roux et laissez caraméliser le tout pendant 2 min en mélangeant. Ajoutez le vinaigre balsamique et mélangez.

3. Dressez-les sur les assiettes. Ajoutez une boule de glace à la pistache, saupoudrez le tout de céréales et de basilic.

Bananes à la noix de coco

4 pers.
Cuisson 10 min
Prépar. 10 min

Ingrédients

- 4 bananes
- 5 cl de rhum
- 1 cuillère à soupe de sucre en poudre
- 50 g de noix de coco râpée
- 1 noix de beurre

1. Pelez les bananes et coupez-les en deux dans la longueur. Faites préchauffer la plancha à 210 °C.

2. Faites cuire les bananes sur la plancha avec le beurre pendant 5 min. Ajoutez le rhum et le sucre en poudre. Laissez cuire 5 min.

3. Juste avant de servir, saupoudrez de noix de coco râpée.

Abricots rôtis au basilic et éclats de céréales

Bananes au zeste de citron vert, flambées au rhum

4 pers.

Cuisson 1 min

Prépar. 15 min

Marinade 15 min

Ingrédients

* 4 bananes
* 4 cuillères à soupe de cassonade
* 1 citron vert
* 1 pincée de muscade
* 1 pincée de quatre-épices
* 5 cl de rhum
* Glace au chocolat
* 1 filet d'huile

1. Râpez le zeste du citron vert et pressez le jus. Mélangez la cassonade avec la muscade, le quatre-épices, le zeste et le jus de citron vert.

2. Épluchez les bananes et placez-les dans la marinade. Laissez mariner 15 min.

3. Faites préchauffer la plancha à 230 °C et huilez-la. Faites rôtir les bananes 30 secondes de chaque côté. Flambez-les au rhum.

4. Servez les bananes avec une boule de glace au chocolat.

Brochettes de fruits au sirop d'érable

4 pers.

Cuisson 5 min

Prépar. 20 min

Ingrédients

- 800 g de fruits frais de saison
- 4 cuillères à soupe de sirop d'érable

1. Lavez et coupez les fruits en morceaux. Faites préchauffer la plancha à 210 °C.

2. Piquez les fruits sur des piques en bois. Faites-les cuire 5 min sur la plancha avec une noix de beurre.

3. Servez les brochettes chaudes et arrosez-les de sirop d'érable.

Brochettes de mangue
à la vanille et gingembre

4 pers.

Cuisson 1 h

Prépar. 30 min

Marinade 1 h

Ingrédients

- 4 gousses de vanille
- 1 mangue
- 2 fruits de la passion
- 20 g de gingembre râpé
- 100 g de sucre
- 20 cl d'eau
- Le jus d'1/2 citron
- 5 cl de rhum
- 4 boules de glace à la pistache
- 1 filet d'huile

1. Faites bouillir le sucre avec l'eau. Ajoutez les gousses de vanille et laissez refroidir. Égouttez-les et placez-les sur un plat. Enfournez 1 h à 110 °C (th. 3-4).

2. Épluchez et récupérez la chair de la mangue. Coupez-la en gros cubes. Mélangez-les avec le gingembre et le jus de citron, et laissez mariner 1 h. Coupez les fruits de la passion en deux et récupérez les grains.

3. Réalisez les brochettes en piquant les cubes de mangue sur les gousses de vanille séchées.

4. Faites préchauffer la plancha à 230 °C et huilez-la. Faites rôtir les brochettes 1 min de chaque côté et flambez-les au rhum.

5. Servez les brochettes accompagnées d'une boule de glace à la pistache et d'une cuillère de grains de fruits de la passion.

Brochettes exotiques
et chocolat coulant

4 pers.

Cuisson 2 min

Prépar. 25 min

Ingrédients

- 4 cubes de kiwis
- 4 fraises
- 4 cubes de mangue
- 4 cubes d'ananas
- 1 carambole
- 4 physalis
- 150 g de chocolat en morceaux
- 100 g de crème
- 25 g de beurre
- 1 filet d'huile

1. Faites bouillir la crème avec le beurre, ajoutez les morceaux de chocolat. Mélangez bien jusqu'à ce que le chocolat soit fondu. Réservez la sauce au chocolat dans un bain-marie.

2. Coupez la carambole en tranches. Lavez les fraises, épongez-les délicatement et équeutez-les. Réalisez les brochettes en alternant les fruits.

3. Faites préchauffer la plancha à 230 °C et huilez-la. Faites rôtir les brochettes 1 min de chaque côté.

4. Servez les brochettes accompagnées de sauce au chocolat.

Brochettes exotiques et chocolat coulant

Croustillants de fraises
aux fruits de la passion

4 pers.

Cuisson 2 min

Prépar. 25 min

Repos 1 h

Ingrédients

- 250 g de fraises
- 8 feuilles de brick
- 3 fruits de la passion
- 3 cuillères à soupe de menthe ciselée
- 50 g de beurre
- 25 g de sucre

1. Faites fondre le beurre, ajoutez le sucre et fouettez bien.

2. Lavez les fraises, épongez-les délicatement et équeutez-les. Coupez les fruits de la passion en deux, récupérez les grains et mettez-les à égoutter.

3. Badigeonnez les feuilles de brick avec le beurre sucré et doublez chaque feuille.

4. Au centre de chaque feuille de brick, placez les fraises avec les grains de fruits de la passion et la menthe. Repliez le tout en quatre et retournez-les. Laissez reposer 1 h au frais.

5. Faites préchauffer la plancha à 230 °C. Placez les croustillants côté jointure sur la plancha. Laissez cuire 1 min de chaque côté.

Index

F

G

H-L

M

N-O

P-Q

R

S

T-V

Crédits photographiques

Toutes les photos sont de **Patrick André/Nature**, excepté p. 6, 7, 8, 9, 11 : **Fotolia.com.**